国家出版基金项目
NATIONAL PUBLICATION FOUNDATION

# 记住乡愁
## ——留给孩子们的中国民俗文化

刘魁立◎主编

第十辑 民间信俗辑

# 妈祖与龙王

沈梅丽◎编著

本辑主编 黄景春

黑龙江少年儿童出版社

# 序

　　亲爱的小读者们，身为中国人，你们了解中华民族的民俗文化吗？如果有所了解的话，你们又了解多少呢？

　　或许，你们认为熟知那些过去的事情是大人们的事，我们小孩儿不容易弄懂，也没必要弄懂那些事情。

　　其实，传统民俗文化的内涵极为丰富，它既不神秘也不深奥，与每个人的关系十分密切，它随时随地围绕在我们身边，贯穿于整个人生的每一天。

　　中华民族有很多传统节日，每逢节日都有一些传统民俗文化活动，比如端午节吃粽子，听大人们讲屈原为国为民愤投汨罗江的故事；八月中秋望着圆圆的明月，遐想嫦娥奔月、吴刚伐桂的传说，等等。

　　我国是一个统一的多民族国家，有 56 个民族，每个民族都有丰富多彩的文化和风俗习惯，这些不同民族的民俗文化共同构筑了中国民俗文化。或许你们听说过藏族长篇史诗《格萨尔王传》

中格萨尔王的英雄气概、蒙古族智慧的化身——巴拉根仓的机智与诙谐、维吾尔族世界闻名的智者——阿凡提的睿智与幽默、壮族歌仙刘三姐的聪慧机敏与歌如泉涌……如果这些你们都有所了解，那就说明你们已经走进了中华民族传统民俗文化的王国。

你们也许看过京剧、木偶戏、皮影戏，看过踩高跷、耍龙灯，欣赏过威风锣鼓，这些都是我们中华民族为世界贡献的艺术珍品。你们或许也欣赏过中国古琴演奏，那是中华文化中的瑰宝。1977年9月5日美国发射的"旅行者1号"探测器上所载的向外太空传达人类声音的金光盘上面，就录制了我国古琴大师管平湖演奏的中国古琴名曲——《流水》。

北京天安门东西两侧设有太庙和社稷坛，那是旧时皇帝举行仪式祭祀祖先和祭祀谷神及土地的地方。另外，在北京城的南北东西四个方位建有天坛、地坛、日坛和月坛，这些地方曾经是皇帝率领百官祭拜天、地、日、月的神圣场所。这些仪式活动说明，我们中国人自古就认为自己是自然的组成部分，因而崇信自然、融入自然，与自然和谐相处。

如今民间仍保存的奉祀关公和妈祖的习俗，则体现了中国人崇尚仁义礼智信、进行自我道德教育的意愿，表达了祈望平安顺达和扶危救困的诉求。

小读者们，你们养过蚕宝宝吗？原产于中国的蚕，真称得上伟大的小生物。蚕宝宝的一生从芝麻粒儿大小的蚕卵算起，中间经历蚁蚕、蚕宝宝、结茧吐丝等过程，到破茧成蛾结束，总共四十余天，却能为我们贡献约一千米长的蚕丝。我国历史悠久的养蚕、丝绸织绣技术自西汉"丝绸之路"诞生那天起就成为东方文明的传播者和象征，为促进人类文明的发展做出了不可磨灭的贡献！

小读者们，你们到过烧造瓷器的窑口，见过工匠师傅们拉坯、上釉、烧窑吗？中国是瓷器的故乡，我们的陶瓷技艺同样为人类文明的发展做出了巨大贡献！中国的英文国名"China"，就是由英文"china"（瓷器）一词转义而来的。

中国的历法、二十四节气、珠算、中医知识体系，都是中华民族传统文化宝库中的珍品。

让我们深感骄傲的中国传统民俗文化博大精深、丰富多彩，课本中的内容是难以囊括的。每向这个领域多迈进一步，你们对历史的认知、对人生的感悟、对生活的热爱与奋斗就会更进一分。

作为中国人，无论你身在何处，那与生俱来的充满民族文化DNA 的血液将伴随你的一生，乡音难改，乡情难忘，乡愁恒久。这是你的根，这是你的魂，这种民族文化的传统体现在你身上，是你身份的标识，也是我们作为中国人彼此认同的依据，它作为一种凝聚的力量，把我们整个中华民族大家庭紧紧地联系在一起。

《记住乡愁——留给孩子们的中国民俗文化》丛书，为小读者们全面介绍了传统民俗文化的丰富内容：包括民间史诗传说故事、传统民间节日、民间信仰、礼仪习俗、民间游戏、中国古代建筑技艺、民间手工艺……

各辑的主编、各册的作者，都是相关领域的专家。他们以适合儿童的文笔，选配大量图片，简约精当地介绍每一个专题，希望小读者们读来兴趣盎然、收获颇丰。

在你们阅读的过程中，也许你们的长辈会向你们说起他们曾经的往事，讲讲他们的"乡愁"。那时，你们也许会觉得生活充满了意趣。希望这套丛书能使你们更加珍爱中国的传统民俗文化，让你们为生为中国人而自豪，长大后为中华民族的伟大复兴做出自己的贡献！

亲爱的小读者们，祝你们健康快乐！

二〇一七年十二月

# 目 录

本书导读

# | 本书导读 |

广袤的宇宙中有一颗美丽的星球——地球。从离地球数万千米的太空远远望去，卫星视角下的地球静谧幽蓝、美轮美奂。这美丽的蓝色便来自于地球上的海洋。地球近四分之三的表面积被海洋、江河和湖泊等水系覆盖，全球水量中海洋水量占据了将近百分之九十七。

人类的生活离不开水，自古以来，无论是在普通民众街头巷尾的传说故事中，还是古代官方所重视的神灵敕封中，都少不了关于水、水神的各种故事传说。

对神灵的崇拜是人类面对充满未知的广袤大自然时，为充满凶险和挑战的生活寻找的精神上的庇护。所以在传统农业社会里，从稻作区的春种秋收，到沿江沿海地区的结网捕鱼、远海船贸，在与天地打交道、求生存的过程中，人们不仅发挥聪明才智，通过改进生产技术、生产工具以及观测研究天象等手段来保障各类生产活动的顺利进行，同时还建立起一套解释天道、寄托精神的信仰体系，海神信仰便是其中之一。

历代海洋传说故事不断积累沉淀，从而诞生了数量丰富的海神。随着社会生产的发展，人类的生活足迹逐渐从陆地向海洋扩张，海洋神的影响也越来越深远。这其中又以妈祖和龙王的影响最为广远。宋元以来，各地纷纷兴建妈祖庙、龙王庙。商人扬帆起航、出海远洋时，将妈祖像供奉在船舱里；种田的农人、滨海的渔民在新年第一天去龙王庙烧香祈福，祈求一整年风调雨顺、海上平安等等，成为各地老百姓生产生活中的重要事项。

妈祖信仰起源于北宋福建莆田。妈祖是闽南人心目中救苦度厄的女神，自宋代以来，崇信妈祖是闽南人至今还坚守的传统民间信俗之一。龙王在古代民众信仰中是统领四海、江湖等水域的神，具有能行云布雨、定风安浪的神通，在沿海地区和农业种植区的民众间被广为祭拜。下面，我们就来具体介绍一下妈祖信仰和龙王信仰。

妈祖信仰

## | 妈祖信仰 |

### 妈祖的身世

妈祖信仰起源于福建莆田。莆田古称兴化，也叫莆阳。妈祖是历代渔民、船工、海上商贸行业等共同信奉的神祇。妈祖本名为林默，因当地人称呼女子时一般会加上"娘"字，故也称林默娘，"妈祖"是莆田民间对升化后的林默的称呼。北宋建隆元年（960年），林默出生于湄洲湾贤良港，一个朝夕可以听到潮声的渔村。

南宋祝穆编写的地理书《方舆胜览》中介绍说，贤良港处于莆田东北方向七十里的海上湄洲山，与流求国相通。湄洲山呈象形，横亘绵延，贤良港东临大海，有数百家居民。俗话说靠山吃山、靠水吃水，贤良港人以打鱼为业，风浪摧帆、"漏网鱼吞船"等凶险情况十分常见。晚唐五代时期，莆田诗人黄滔写过一首《贾客》，诗中说："大舟有深利，沧海无

湄洲图 《天后圣母圣迹图志》清代道光十二年上洋寿恩堂藏板

浅波。利深波也深，君意竟如何？"意思是海上贸易能获取丰厚利润，但也蕴藏着巨大风险。传说出生在海港之地的林默自小就有神力，长大后能乘席渡海、乘云在岛屿间游览。雍熙四年（987年），28岁的林默踏浪渡海救助被海上的大风大浪困住的船民，被飓风卷走，身没于大海。为感念林默生前救助老百姓的善德，父老乡亲立祠来祭祀她。

民间传说林默是莆田渔民的女儿，父兄出海捕鱼为业。也有说林默是莆田有名的"九牧林"的后裔。在历史记载上，唐天宝十一年（752年），莆田人林披明经及第。贞元四年（788年），林披之子林蕴明经及第。到乾符五年（878年），一百来年里，林家祖孙三代有九个明经及第和一个进士及第。唐代科举考试大致分为四类：常举、制举、武举和科目选。明经属于由尚书省礼部设置的常举中的一种。林披九个儿孙先后科举及第，都当了州刺史。按汉代官制，唐代刺史属于州牧，所以林披家被莆田人称为"九牧林"。科举考试是隋朝建立的一种人才选拔制度，林家百年间的科举成绩堪称了得。五代时期，刘崇自立为帝建立北汉，周世宗命令都检点赵匡胤赴高平山督战，林默的曾祖父保吉公跟随赵匡胤作战立功，做了台州刺史。后来保吉公弃官归隐于莆田，其子林孚承袭世勋做了福建总管。林孚之子林愿（一说林惟悫）即林默之父，为都巡检。林愿之妻王氏生了一男六女，林默是最小的孩子。林愿与王氏虔诚信佛，平日里乐善好施，敬祀观音大士。传说他们四十多岁时朝夕焚香祈愿，希望能再生一个儿子。林愿夫妇的虔诚感动了观音大士，王氏很快怀了孕。经过十四个月的孕育，建隆元年三月二十三傍晚时分，一道耀眼的红光从西北射入室

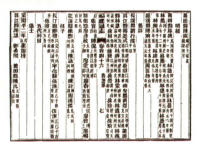

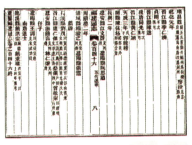

《重纂福建通志》卷146《唐选举》林批九个子孙明经及第书影

内，满屋异香扑鼻，与此同时王氏生下一个女婴。因女婴出生之时情形奇异，尽管不是男孩，林愿夫妇也很喜爱她，只是从出生到满月都不闻其哭声，所以给她取名为默。

## 妈祖的传说故事

自宋代开始，妈祖信仰广为流传，信众很多。民间流传着许多妈祖传说故事，主要有渡海救险、降妖伏魔、

破贼护国、降雨济民以及惩罚凶恶等。妈祖信仰和传说故事是历代出身莆田的文人墨客笔下的一个重要内容。南宋绍熙三年（1192年），宋太祖赵匡胤次子燕王的七世孙赵师侠在莆中游览时，作了《诉衷情·莆中酌献白湖灵惠妃三首》，其中有云："神功圣德妙难量。灵应著莆阳。湄洲自昔仙境，宛在水中央。"词里的"灵惠妃"据说是妈祖所受朝廷敕封之号。同时期的莆田文人刘克庄，做官做到龙图阁直学士致仕（退休），晚年他乡居老家莆田，作过一首《白湖庙二十韵》，白湖庙供奉的主神灵惠妃即是赵师侠诗中所写之神。这首诗是用诗歌形式表现妈祖信仰的最早的诗，它比较完整地追溯了妈祖信仰的发展历史及当时的信仰盛况。诗中指出灵妃（即灵惠妃）出生于湄洲，具有非凡的大神通之力，灵妃信仰始于闽，后盛行于国中。刘克庄感慨当时的人们不够重视妈祖事迹的记录和研究，最后他说"吾老毛颖秃"，毛颖指毛笔，诗句意思是说虽然自己年纪大了，但还想要做些妈祖信仰的历史文字整理工作。全诗如下：

灵妃一女子，瓣香起湄洲。
巨浸虽稽天，旗盖俨中流。

驾风樯浪舶，翻筋斗千秋。
既而大神通，血食羊万头。

封爵遂累贵，青圭蔽珠旒。
轮奂拟宫省，盟荐皆公侯。

始盛自全闽，俄遍于齐州。
静如海不波，幽与神为谋。

营卒尝密祷，山越立献囚。
岂必如麻姑，撒米人间游。

亦窃笑阿环，种桃儿童价。
独于民锡福，能使岁有秋。

每至割获时，稚耄争劝酬。
坎坎击社鼓，呜呜缠蛮讴。

常恨孔子没，豳风不见收。
君谟与渔仲，亦未尝旁搜。

束皙何人哉，愚欲补前修。
缅怀荔台叟，纪述惜未周。

他山岂无石，可以砻且锼。
吾老毛颖秃，安能斡万年。

（载《后村先生大全集》
卷四十八）

诗中所说"大神通"即
大神通之力，也就是神力，
佛教中指佛菩萨所示现的种
种神变不可思议之力。林默
生而聪颖，8岁"解文义"，
10岁"好佛经"。不过她的
神力并非天生。传说13岁
那年，林默遇到一位老道士，
老道士说她如果真具有佛性
的话，应该掌握度人的方法，

于是教给她"玄微秘法"。
16岁时，林默与女伴们出游，
大家挤在一口古井边窥水照
影，忽然井中升出一位神人，
手里捧着一对上有仙官的铜
符（道教的修炼文书），女
伴们惊吓四散，只有林默大
胆接受了铜符，此后她便具
有了一种能够神游方外的神
奇法力。传说有一年秋天，
林默的父亲和兄长各驾驶一

窥古井喜得灵
符 《天后圣母
圣迹图志》清代
道光十二年上洋
寿恩堂藏板

条船出海后，西风疾荡、波涛山涌，眼看着帆要落、舟将倾，这时正在家中织布的林默忽然感到心动神迷，于是她闭目神驰，手里拿着织梭，脚底踏着机轴，就像有一股神力裹挟着她。母亲王氏看到女儿在织机前凝神不动的样子，很奇怪，于是大声呼喊女儿。林默醒来后哭着对母亲说，父亲得救了，可是哥哥却没救成。原来她脚踏着父亲的船，手拿着哥哥的舵，因被母亲喊醒，舵竟断了，哥哥也就没能被保全。也有一种说法是林默救了哥哥，而父亲不幸溺海。

林默凭借神力为乡邻做了很多救险排难的善事。大海是林默发挥神力的主战场，民间传说中的各种故事，如"遇风涛乘槎挂席""草

化木垂救商船""垂神灯粮船有赖""波涛中默佑漕船"等，都发生在海上。林默不仅帮助在海上遇到风险的打鱼人脱险，还救助过商船、漕船、粮船乃至军船，如"拥巨浪军楫无虞"的故事说的就是林默救助军船。

与贤良港隔海相望的是台湾岛，中间的海峡小岛星罗棋布。隋唐以降，福建东南沿海地区海盗、匪患、倭寇严重。北宋时期北方边患加重，因此，抵御外族入侵、保卫边境的任务也很繁重。在这种南北边境不断有战事的情况下，宋元时期的妈祖传说中产生了许多妈祖神功护国的故事，如破除海患的"赖神功澎湖破贼"、抗击金兵的"助阴兵金人碎首"等。民间传说故事的产生和

现实生活紧密相关，一般是当人力难以保全利益时，人们会以传说故事的形式塑造出一位具有超自然神力、可以庇护人类利益的神灵。民间传说故事中的妈祖就是这样一位无所不能的神灵，"祷苍穹雨济万民"说的是妈祖祈雨除旱，"破魔道二嘉伏地""临海津法驱二孚"说的是妈祖降妖伏魔，"奉圣旨锁获双龙"说妈祖奉旨锁住作恶的神龙，妈祖的神通之力获得龙族钦仰，上演"率水族龙子来朝"情节，再如"蒲田尹求符救疫"中的妈祖用神力祛除瘟疫等等。

这些传说故事的产生与莆田的地理位置有关。福建省80%以上的土地面积为山地和丘陵。莆田背山面海，耕地少，粮食生产无法自给自足，老百姓世代以打鱼为生。宋元海禁松弛时，当地人就会出海行商，商船向东北可达日本，向南可达菲律宾、马来西亚等国。福建人往返于西太平洋上的茫茫海路，寒来暑往，可谓历尽艰险，妈祖是每一条商船里必然供奉的保护神。民间传说中妈祖的护佑对象也不限于福建人，如关于中国海洋贸易史上明朝向海外拓展的大事件——郑和下西洋，流传

| 破惊涛遂救严亲 《天后圣母圣迹图志》清代道光十二年上洋寿恩堂藏板 |

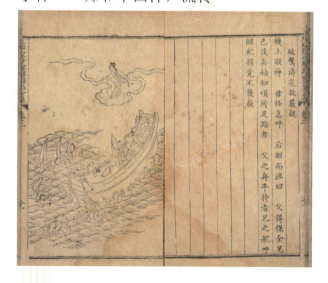

加，从最初的护航渔商、降妖伏魔发展到后来的镇船、镇宅，她的保护神身份也从最初的海神发展到后来的全能神。明代成书的《莆田妈祖天后灵签》中第五十五首诗写道："船沉风大劲，楫坏帆亦拆。求妃子求符，镇船又镇宅。"这是现在能看到的比较早的关于妈祖可以镇宅、镇船之说的出处。

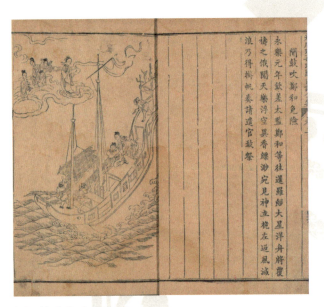

闻鼓吹郑和免险 《天后圣母圣迹图志》清代道光十二年上洋寿恩堂藏板

于明清时的民间故事"闻鼓吹郑和免险"就说郑和的海商之路之所以安然顺畅，主要仰仗妈祖的神力保护。

随着明代朝廷历次派遣郑和等人下西洋以及闽南人海外贸易活动的开展，妈祖信仰逐渐传播到海外，在国内，妈祖信仰也伴随着莆田人到北京、上海等地从商而传播到各地。在传播过程中，妈祖的护佑功能逐渐被增

流传至今的妈祖传说故事，有不少早在宋明时期即已形成。宋代的妈祖传说故事一般记录在朝廷敕封文书、地方志、碑铭文以及文人写的笔记诗文中，故事较简略。明万历三十年（1602年），号为南州散人的吴还初编辑了一本神魔小说《新刊出像天妃济世出身传》，由福建建阳的忠正堂熊氏刊

行出版，这是目前能看到的最早的妈祖传说的专书。明末佚名编纂的《天妃显圣录》在清康熙二十年（1681年）刊出，这本书汇集了各类型的妈祖传说故事四十三则，一图一故事。晚清时期有个叫林清标的人在《天妃显圣录》的基础上增删编纂而成一本《敕封天后志》，记录了天后神迹图说四十九种，也采用一图一事的形式，其中妈祖庇护文武官员旅行出差的故事居多。据说这本书刊出后，各地妈祖宫庙都开始编绘圣迹图，或绘在妈祖庙殿堂的两边墙壁上，或绘于绢纸裱成画轴挂于妈祖庙殿堂中，以帮助和增加民众对妈祖故事的理解和传播。

## 妈祖的历代敕封

南宋时候，东南沿海地区海寇之患比较严重，1156年，福建路兵马副都监姜特立率兵征伐海寇。作战前，他在顺济庙祈求神明保佑，后来作战大获全胜，他认为这是得到了顺济庙主神巫媪的庇护（莆田人也称妈祖为巫媪），遂向朝廷请求褒封顺济庙主神，朝廷赐给顺济庙"灵惠"的庙额，其主神即灵惠妃。为此，姜特立写了诗《海上获捷，祷于庙神，王公方交斗间，贼桅忽倒，赴水死者太半，后请于朝，赐额灵惠》，这段文字叙述了一个完整的故事，表明顺济庙得到"灵惠"庙额的由来是由于庙神显灵护佑战事胜利。全诗为："直驾楼船捣贼桅，金盘一掷万人开。何当为奏褒封典，酾酒刲羊亦快哉。"地方上老百姓给崇敬信仰的神灵建庙，朝廷赐了庙额，等于是向世人昭告这座庙从此有了官方的认可和支持，这是意义非常重大的事情。朝廷给地方祠庙赐庙额，一般是因地方官员或朝臣奏请敕封，皇帝根据神灵在稳定社会秩序、维护政治统治上的价值所在，按实际情况允准敕封，目的是借助神灵信仰的力量来维护朝廷和地方上的统治。

湄洲岛上有两座顺济庙：圣墩顺济庙和白湖顺济庙。一般认为圣墩顺济庙是妈祖祖庙，其由来是雍熙四年妈祖升天后，人们将她升天的地方称为圣墩，在此处纪念她，后来在圣墩建庙祭祀，是为最早的妈祖庙。据文献记载，当时庙宇仅"落落数椽"，但是前来烧香祭拜、参加迎神赛会的民众很多。后来经过不断扩建修葺，建筑规模逐渐宏伟。元朝的洪希文在《题圣墩妃宫（湄

| 福建莆田妈祖祖庙 |

洲屿)》诗里描绘妈祖庙是"粉墙丹柱辉掩映，华表耸突过飞峦"，可见那时妈祖庙已经很是宏伟。白湖顺济庙始建于宋高宗绍兴二十七年（1157年）秋，坐落于莆田城区阔口玉湖公园内。白湖在历史上为古兴化的渡口，来往船运多从白湖进出莆田。白湖顺济庙的建造源于当时发生于兴化府的一场瘟疫，传说当时妈祖显灵于梦中，指点人们挖掘"甘泉"，拯救了很多受瘟疫之苦的老百姓，被朝廷封为"崇福夫人"。后来南宋白湖籍丞相陈俊卿捐出一块土地，建了一座庙宇专门奉祀妈祖，这座庙成为兴化府官祭的唯一庙宇，香火十分旺盛。到了宋宁宗嘉定年间，白湖顺济庙重建寝殿，陈俊卿之子陈宓在上梁文中说："今仰白湖香火，几半天下。"

从宋高宗敕封妈祖为崇福夫人开始，此后历代皇帝对妈祖进行了三十多次褒封。妈祖的封号也从"夫人"，经历了"妃""天妃""天后"，到清朝的"天上圣母"（据说道光十九年加封妈祖为"天上圣母"，但因为目前还没找到原始的敕封文献，此封号尚有争议）。历代朝廷对妈祖的敕封次数是：宋代晋封十三次，元代加封五次，明代加封三次，清代加封十八次。根据历代朝廷褒封给妈祖的封号，可以看到妈祖的神阶一直在增加。皇权利用神权的同时，神权也在皇权的推动下逐渐得到提高，而这种提高又在政治上起到巩固统治的作用。比如在打击海寇获胜后，姜特立以得到妈祖保佑为理由，上奏朝廷要求褒奖妈祖，朝廷答应他的请求，也可以认为是利用妈祖神权来鼓舞士气、安抚民心。

在朝廷的推动下，自明代开始，妈祖成为海外宣威的保护神。有一种说法是：开国之君必重宣威。明成祖朱棣虽不是开国之君，但他在夺取帝位后，不断派太监下西洋，通过远洋征服和贸易显示天朝国威。明朝太监下西洋活动中，最著名的就是郑和下西洋。郑和前后七次下西洋，历次下西洋活动产生了不少民间传说，妈祖显灵是这些传说中常见的内容。如在明代二南里人（罗懋登）所著《三宝太监西洋记》中，天妃娘娘（妈祖）

降神灯引导郑和船队到天方国。郑和海路返朝，又遇到险风恶浪，天妃又派神灵护佑，平了海险，保护郑和安全回国。郑和上言皇上奏请敕建天妃宫。而清代妈祖传说故事"闻鼓吹郑和免险"说的便是永乐元年钦差太监郑和率众往暹罗（古代泰国），在大星洋海面上遇到狂风巨浪，船快翻了，众人赶紧祈祷，不一会儿听到天上有乐声响起，空气中飘动着异香，烟雾缥缈中仿佛看见天妃神灵立在桅杆旁，片刻，风停浪消，船才得以继续挂帆前行，于是郑和向朝廷奏请派官员致以祭祀。

在民间传说中有很多郑和下西洋的故事，其中所有妈祖故事中妈祖所起到的作用不外乎是护航救险成功，郑和向朝廷奏请敕封或致祭等。朝廷对妈祖的敕封，反映了古代官方对民间祠庙、神灵的敕封褒封的态度。从宋代开始，我国古代官方就有对民间祠庙、神灵赐额加封的制度。元明清三朝，国家对民间神灵的敕封一直比较普遍。古代民间信仰的神灵数量多，也比较复杂，历代朝廷都会出一份以"淫祀"名义查禁的地方神灵名单。《礼记·曲礼》说，不应当祭祀的却祭祀，就是淫祀。民间在接受朝廷对地方神灵的敕封中，为地方神灵信仰取得合法身份。通过这种方式，国家权力和正统意识也就得到了地方民众的支持。

### 闽南人的妈祖祭拜习俗

一般来说，妈祖信俗（即妈祖信仰习俗）由祭祀仪式、民间习俗和故事传说三大系列组成。农历三月二十三是妈祖诞辰日，每年这个时候，湄洲岛上的妈祖庙就成了各地妈祖信徒的朝圣之地。来自各地的信徒敬备五牲、贡品向妈祖献祭，分灵妈祖也要回湄洲妈祖祖庙进香（从宋代开始，在妈祖信仰发展过程中，湄洲岛上的圣墩妈祖庙成了祖庙，其他地方建造妈祖庙，要回到祖庙来请妈祖神灵，制造妈祖神像，这样请回去的妈祖神像安放在新建的妈祖庙中，该庙即成了分灵妈祖庙）。一般庙里除了供奉主神妈祖，还有千里眼、顺风耳和侍女等神尊像。千里眼、顺风耳是为了协助妈祖海上巡游，以便在最短时间里观察到最大范围里可能出现的渔商船只遇险事件或其他需要女神摆平的危险事件。而设侍女神尊应是妈祖作为女神，和观音等一样，其左右都会有侍女神，以示照顾女神之意。各地的妈祖神像服饰和造型都很相似。历史上由于朝廷敕封，妈祖的神阶不断提高，神像服饰也会相应有所变化。现当代妈祖神像服饰一般模仿清代妈祖像，身着四爪金龙黄袍，腰系九龙玉带，冠帽则要比清代时候更显繁复和多样化，冠冕材料有银制、纸制等，但基本上遵从九旒冠冕的令制，民间也有将妈祖冠冕制成十二旒冠冕的情况。

当代妈祖庙妈祖神像造型还有个值得一说的特点，即台湾地区妈祖像妈祖脸的颜色有五种：黑色、肤色、红色、金色、粉色。其中黑面妈祖表示她受的香火多、时间长，所以被熏黑了。也有一种说法是黑面妈祖比较凶，主要行海上救援、除恶的职责。肤色脸面妈祖即指妈祖像的面色仿照正常人的肤色，红面妈祖一般出现于喜庆场合，金面妈祖代表官方供奉的妈祖，粉面妈祖则是说妈祖当初从福建到台湾时还很年轻，故用粉色涂面，粉面妈祖形象也更接近年轻女性。

古代祭祀等级规定很严格，一般有国家祀典、民间祭祀两种。妈祖的民间祭祀大典约形成于 11 世纪，清代乾隆时期妈祖祭祀被纳入国家祀典。近代以来则以民间祭祀为主，这是因为从 19 世纪后期开始，西方文化观深刻影响了中国社会。明代万历年间进入中国的天主教传教士，以及19世纪初进入中国的新教传教士，他们将我国大量的传统民间信仰和习俗看作是迷信。近代中国国力衰退，有志之士们为了寻找国家富强的出路，在向西方学习科学文化的同时，一定程度上也接受了西方社会将我国传统民间信俗作为迷信的做法。正是这个原因，晚清和民国时期，妈祖祭祀不再举行国家祀典，转而以民间力量为主导来继续传统祭祀。

当代的妈祖祭祀有家庭祭祀和宫庙祭祀。家庭祭祀可以是渔民在船上、家中供奉妈祖神像，当代还出现了在汽车上供奉妈祖像的做法，这种表现为民众日常生活习俗的供奉祭祀主要是为祈求顺利平安。宫庙祭祀则

| 浏河天妃宫 妈祖像 |

沈梅丽　摄

是信众到妈祖庙去祭祀，在妈祖神像前行跪拜礼、上香、摆贡品、燃鞭炮、烧金帛等。特殊时日，如妈祖诞辰日，则要举行盛大的妈祖祀典。妈祖诞辰在闽南人群体里是个十分重要的日子。每年"三月妈祖疯"（又称"三月疯妈祖"）的农历三月二十三，在台湾和闽南地区，妈祖祭祀活动都热闹非常。妈祖绕境是台湾妈祖信俗的主要活动之一，内容很丰富。平日里绕境活动也时有举行。绕境活动有规定的

| 三月妈祖疯 |

路线，整个过程汇集各种地方民俗民艺活动。台湾地区最为有名的是大甲妈祖绕境进香活动，最早可追溯到清朝，大甲镇澜宫创建时到湄洲进香。1959年前绕境进香活动时限为七天六夜，后来在1962年改为八天七夜，此后又改为九天八夜。每年大甲妈祖绕境时间的决定方法是：在元宵节（农历正月十五）晚上，由镇澜宫董事长掷筊来决定进香出发日期和时辰。大甲绕境进香流程主要由八个仪典组成，即祈安、上轿、起驾、驻驾、祈福、祝寿、回驾、安座等。每项典礼都有既定程序、时间和地点。

闽南人的生活受妈祖信仰影响很大，长期以来形成各种民俗风习，在日常生

活中随处可见，如大门贴妈祖神符保平安，佩戴妈祖玉雕求护佑，妈祖巡游中往妈祖神像颈项上挂红绳系的金锁银锁等。除祈求护佑外，还有向妈祖求子的，具体做法是已婚未育女子到妈祖庙将自己头上的花与妈祖神像头上的互换，或者偷妈祖神像一只鞋。此外，还有将小孩托给妈祖庙看护的。湄洲妇女常梳船型发髻以及模仿妈祖生前的服饰，以祈求妈祖保佑及表达对妈祖的崇拜信仰。在妈祖诞辰等重大节日里，妈祖庙还要悬挂写着"天上圣母""妈祖庙"字样的灯笼，在巡游时，由专人扛着灯笼游行。此外，毗邻福建的浙江苍南地区有着独具特色的拜妈祖为干娘的民俗，这些都说明妈祖信仰

具有巨大的影响力。

| 福建省泉州市浔埔社区"妈祖巡香"盛装踩街民俗活动灯笼阵 |

## 祭祀妈祖的仪式

古人很重视祭祀，将其与战事并提，认为是国家所应当重视的大事（"国之大事，在祀与戎"）。《礼记·祭法》中对祭祀对象做出了规定，即凡是"法施于民"的人、"以死勤事"的人、"以劳安国"的人以及"能捍大患"的人，这些先贤、良相、忠臣、英雄等都可为民众祭祀的对象。根据历史记载，妈祖受到官方祭祀主要是因为其护佑一方渔民渔

业平安丰收、保佑国家漕运顺利、护佑将领平息海上盗寇作乱、保佑出使官员海路平安等功绩。在元初至元年间，朝廷因为妈祖护海运有功劳，加封她为"天妃"，神号积累达十个字，赐庙额"灵慈"，直沽（今天津）、平江（今苏州）、周泾（今常州）、泉州、福州及兴化（今莆田）等地都有妈祖庙。自皇庆年间开始，朝廷每年派遣特使到平江府等地进香致祭妈祖，祭品有：金幡一合、银一锭，交给平江府的漕司和本府官吏，用柔毛（指肥羊）、酒醴来祭祀。祭祀时宣读的祝文一般格式内容为：维年月日，皇帝特遣某官等致祭于护国庇民广济福惠明著天妃。这里的年月日和官员名称，要根据具体的祭祀日期与祭祀官员来填写。

朝廷派遣官员致祭的妈祖庙基本分布在漕运路线上，祭祀规格较高，纳入官方祭祀，费用由朝廷拨付。妈祖祭祀纳入朝廷祀典后，祭祀规格更较地方祭祀有所提升，元代妈祖主要的朝廷祭祀活动有每年春夏漕运起运前遣使致祭，同时，为答谢天妃庇护漕运平安，朝廷还不定期派官员遍祭沿途各庙。每年春夏时候漕运起运前的祭祀特别隆重："皇帝函香降祭，自执政大臣以下，盛服将事。"祭祀仪式还配以乐曲、列舞队。

元代对天妃卫漕的重视主要出于希望漕粮运输安全的目的。漕粮由南方运往北方，一般都是由海船开赴各仓装粮，也有先用河船载粮至起运港，再搬至海船上的。元代漕运的发展促进了天妃海神身份的成熟。元后期至正年间，妈祖祭祀在"名山大川忠臣义士之祠"一类。名山大川忠臣义士之祠的祀典一般由地方官府主持，妈祖的祭祀则由朝廷派遣官员赴地方致祭。至正十三年（1353 年）朝廷派代祀官周伯琦遍祭各地妈祖庙，这样做的原因是为答谢妈祖护佑"漕运安澜"。每个庙的祭祀礼仪都一样，"以少牢祀"（旧时祭礼的牺牲，只有羊、猪没有牛叫"少牢"）。主祭官由朝廷代祀使臣担任，陪祭官选用当地的重要官员。

明清两代也很重视致祭妈祖，多处修建天妃宫庙。

明太祖洪武年间建都南京，于都城中建造天妃庙等，定下每年孟春祭祀。永乐五年在龙江关（现南京下关）建天妃宫，规定每年正月十五、三月二十三，由南京太常寺官致祭。清康熙十九年，敕封妈祖为"护国庇民妙灵昭应弘仁普济天妃"，派朝廷特使赴福建莆田献香帛、读文致祭。香帛由太常寺备办，致祭的特使由礼部派出，祭品为：帛一匹，羊猪各一只，簠簋各二，笾豆各十，尊一，爵三。祭文由翰林院撰写拟定，内容与祭祀目的相关。如光绪年间，广州府每年的春秋仲月（即农历二、八月）在天后庙祭祀妈祖，其祝文为：

维后配天立极，护国征祥。河清海晏，物阜民康。

保安斯土，福庇无疆。千秋巩固，万载灵长。神恩思报，圣泽难忘。虔修祀事，恭荐馨香。士民一德，俎豆同堂。仰惟昭格，鉴此烝尝。尚飨。谨案会典天后神庙为群祀。

（《广州府志·经政略二》）

从这则祝文来看，妈祖已从海上守护神变为保境安民之神了。这也从侧面反映了妈祖在沿海地区信众心中地位的提高。

当代妈祖信仰仍拥有广泛的信众。在不同地区，妈祖祭祀仪式有所不同，常是传统祭奠仪式改造与新时代宗教、地方民俗及时代文化的融入结合，形成当代特点的祭典仪式文化。当代妈祖信仰中各类祀典很多，莆田祖祠常年举办的主要有祖祠巡演仪式、社庙迎神巡境仪式、妈祖元宵参神仪式、三月二十三妈祖回娘家仪式等。其中 2006 年"妈祖祖庙祭典"成功申报了国家级非物质文化遗产代表性项目。祖庙祭典于每年农历三月二十三妈祖诞辰之日举行，行祭地点为湄洲妈祖祖庙的广场和祖庙新殿天后广场。祭典全程约需四十五分钟，规模有大、中、小三种，其程序有十三项活动，分别是：擂鼓鸣炮；仪仗仪卫队就位，乐生、舞生就位；主祭人、陪祭人就位；迎神上香；奠帛；诵读祝文；跪拜叩首；行初献之礼，奏和平乐；行亚献之礼，奏乐；行终献之礼，奏乐；焚祝文，焚帛；三跪九叩；礼成等。

妈祖信仰的形成源于传统渔业生产。历史上劳动人民有春祈秋报的传统。每逢鱼汛到来，渔民们出海前要祭祀妈祖等海洋神，海上捕鱼期间在船上供奉妈祖神像，渔船回港靠岸后还要向妈祖等神灵献祭致谢。我国东部沿海等地的渔民开春出洋捕鱼前要择吉日祭海。如20世纪早期，在浙江象山、岱山地区，渔民出洋前要组织举办出洋仪式，择良辰吉日，于早上涨潮时祭祀，表示财源滚滚。祭祀的人在前一天要剃头，晚上用红糖水洗澡，第二天穿上新衣或干净的衣服去庙里祭祀。祭祀结束，要请"菩萨"上船，"菩萨"有木雕或泥塑雕像，也可在神明前求一支三角旗或令箭等代替神像，请好的"菩萨"放置在船上"圣堂舱"（旧时渔民将所信奉的海洋神供奉在渔船后舱，浙江地区称之为圣堂舱）的神龛内。引路灯笼挂在船头，用以驱邪保平安。下午演庙戏，一般演戏时间五到十天不等，民间称为"出洋戏"。20世纪80年代天后宫恢复使用后，当地渔民多选择在农历三月

| 福建湄洲妈祖金身四天三夜绕境巡安兴化（莆田别称）活动 |

27

二十三妈祖诞辰日进行出洋献祭活动。2008年象山、岱山等地成功申报了国家级非遗项目"渔民开洋""谢洋节"，其中，由天后宫组织的开洋节仪式活动，地点在妈祖庙，资金主要是向当地民众募筹。2009年东门岛天后宫开洋节仪式的程序和内容为：开洋法会、做开洋戏、农历三月二十二晚妈祖庙护寿、渔户祭拜、开洋典礼读祭文、聚餐、陆上巡游（巡游路线从天后宫开始，最后回到天后宫）。这年的祭文如下：

维公元2009年农历三月二十三，时值天后娘娘诞辰吉日，浙江省象山县石浦东门岛父老乡亲，于官基山麓天后宫，敬献果品美酒，祭颂天后。

古岛东门，历史悠久，祖祖辈辈，靠海为生，以渔为业，举国知名，邑人深知，海兴我兴。政府立法，休渔开渔，渔区尊奉。

今日隆重祭祀天后娘娘，举行开洋典礼，祈告沧海，潮遂人愿，满载而归，人海共荣，丰产安康，再创辉煌。

幸哉，尚飨！

天津皇会，即妈祖祭典盛会，最早称为娘娘会（天后圣母俗称"老娘娘"）、天后圣会，民间相传始于明代，有历史记载的是在清康熙年间。皇会属于庙会形式，每年农历三月二十三妈祖诞辰举办，其名称由来据说是因为有一次乾隆皇帝下江南经过天津时正好碰到庆祝妈祖诞辰的娘娘会，他看后觉得很精彩，于是传旨赏赐，由此，娘娘会就得了"皇会"的名称。天津皇会发展到当代后，在借鉴了湄洲妈祖祭典仪式的同时，还融合了天津本地的民风民俗。2008年成功申报国家级非遗项目的天津皇会，会期一般为四天，地点选在天后宫，农历三月十六送娘娘回娘家，三月十八接娘娘回天后宫，三月二十和三月二十二娘娘巡香散福。三月二十三为天后诞辰之日，各花会在宫中表演，表演内容包括净街、门幡、太狮、捷兽、中幡、跨鼓、杠箱、重阁、什不闲儿、法鼓、旱船、秧歌、花鼓、绣球、宝鼎、宝辇、銮驾、接香、灯停、接驾、华盖宝伞、顶马、报事灵童、日罩、灯扇、大乐、

| 第六届中国·天津妈祖文化旅游节，天津天后宫皇会扫殿会踩街表演 |

| 上海松江天妃庙 |

沈梅丽　摄

|上海松江天妃
庙天妃像|
沈梅丽　摄

|上海三山会
馆天厚阁（天
后宫）匾额|
沈梅丽　摄

高跷等几十种。表演团队在当地被称为"会"，参与表演的"会"少的有二三十道，多的达到一百余道，每次皇会出会的表演内容与数量不完全相同。

### 妈祖信仰的传播

自宋代开始，一千多年来，随着航海业发展和闽南人在海内外贸易上的扩张，妈祖信仰从最初的闽南一地传向全国乃至海外。根据当代学者统计，国内沿江海省市如江苏、辽宁、天津、北京、上海、山东等地总计约有2300多座妈祖庙。海外20多个国家和地区总计有5000多座妈祖庙，信众2亿多。各地妈祖庙名称并不完全相同，一般称为天妃宫、天后宫、妈祖庙，或称天后寺、朝天宫、圣母坛、文元堂、双慈亭、安澜厅、天后祠等。湄洲的圣墩顺济庙是其他所有妈祖庙的祖庙，每年农历三月二十三妈祖诞辰日，到湄洲妈祖祖庙进香朝觐的国内外香客人数多达百万。

历史上闽南商人在海内外经商，一般都在闽商聚集区或福建闽商会馆内修建妈祖庙，亦称天后宫。这些宫庙往往都存有数量不等的匾额、对联，二者互有关联，为历代信众捐制、名臣题作或朝廷赐封。福建莆田湄洲妈祖祖庙的对联为清代林炳麟所撰："傒我后，波平沧海；酌我姑，酒满金罍。"自明清开始，人数众多的闽商们陆续在京津等商贾云集的重镇修建了许多妈祖庙。供同乡人祭拜妈祖所用，如上海现存的松江天妃庙、三山会馆天后宫等。三山会馆天后宫修建于清宣统元年（1909年），为福州果业商人集资所建，庙额"天

|上海三山会馆天后宫大殿图|　　　　　　　沈梅丽　摄

|上海三山会馆天后宫汉白玉妈祖神像|

沈梅丽　摄

厚阁""天后宫",对联有十一副,殿廊柱正面的石刻联是:"天与阙福,遍梯航同沾雨露;后来其苏,抱忠信稳涉波涛。"三山会馆天后宫为上海第三次工人武装起义南市指挥部的遗址,现属上海市爱国主义教育基地,不属于宗教场所。但现今,仍有福建人在远行前会先来这里跪拜妈祖,只不过不上香也不捐香火款。

除这类独立的妈祖庙外,上海一些道观场所也供奉妈祖,如钦赐仰殿供奉"天妃圣母元君"(即妈祖),城隍庙慈航殿供天妃神像,城隍庙太岁殿后壁有妈祖壁像等(这幅壁塑为台湾大甲镇澜宫与城隍庙缔结友好宫庙举办开光法会时所成)。

各地妈祖庙的兴建表明

妈祖信仰在当地的落地生根。在以江苏、浙江及上海等省市构成的江南地区,江苏太仓的浏河天妃宫是历史最悠久、具有其他妈祖庙所不具有的独特历史价值的妈祖庙。据说,浏河天妃宫与湄洲妈祖祖庙、泉州天后宫、天津天后宫一起被誉为大陆元代"四大妈祖庙"。浏河天妃宫正名为"天妃灵慈宫",俗称"娘娘庙",清道光十二年(1832年)夏秋时节,当时任巡抚的林则徐在浏河督查水利,暂息于此,题了一副对联:"八百年寰海昭灵,溯湄屿飞升,九牧宗风荣庙祀;四万顷具区分派,喜娄江新浚,三吴水利沐神庥。"(转引自《林则徐全集·诗词卷》)该妈祖庙地处江苏太仓浏河镇,

浏河天妃宫妈祖神像(殿外立像)

沈梅丽 摄

浏河天妃宫正殿,林默父母向观音求子壁画(部分)

沈梅丽 摄

|浏河天妃宫的
通番事迹碑|
　　沈梅丽　摄

|太仓郑和公园
博物馆藏明代妈
祖鎏金神像|
　　沈梅丽　摄

始建于北宋宣和五年（1123年），元至正二年（1342年）迁建于现址。元朝时浏河镇改称刘家港，是当时漕粮北运出海的重要港口。明朝设镇海卫于天妃宫。据载，郑和七次下西洋，每次出发前都要先派人把天妃宫修葺翻新，然后祭拜妈祖祈求海路平安。每次平安归来都在天妃宫进香谢神，供奉船模，最后一次他将其七下西洋的经历刻成碑文《通番事迹之记》，树立在天妃宫内。

台湾地区现有妈祖庙800多座，台湾妈祖庙的兴建传说与郑成功相关。郑成功收复台湾后，民间传说郑成功得到了妈祖的神助，于是台湾老百姓建庙奉祀天妃，称天妃为"开台妈"。台湾为海岛，居民祖上多为明清间从闽南地区渡海而来，他们靠海谋生，因而妈祖信仰十分风行。据统计，清代康熙年间台湾共修建17座妈祖庙，乾隆年间修35座，嘉庆年间修15座，道光年间修11座等。台湾妈祖庙主要从湄洲妈祖祖庙分灵建庙。也有从本地历史较长、名声较大的妈祖庙分灵的做法，如从鹿港天后宫分出香火的妈祖庙全台有70多座，每逢农历三月二十三妈祖诞辰，鹿港妈祖庙就成了岛内分灵妈祖庙拜谒的祖庙了。鹿港天后宫七块庙额，最早的一块庙额"抚我则后"为时任福建水师提督的施琅于康熙二十二年十月所题。这一年六月，皇帝命施琅与姚启圣领军攻台，八月十三，施琅率领舟师到达台湾，收

| 太仓郑和公园博物馆藏明代骨制妈祖神像 |

沈梅丽　摄

| 台南大天后宫祭祀告示 |　　　　沈梅丽　摄

| 马来西亚槟城天后宫 |

| 日本横滨天后宫 |
沈梅丽　摄

美国家中美国、挪威、丹麦、加拿大等国及非洲等地皆建有妈祖庙。日本长崎崇福寺妈祖堂是清代福建商人修建，"登高彼岸""万里安澜"匾额寄托着福建人妈祖信仰的心愿诉求。现位于横滨中华街南门的天后宫由日本华侨在 2006 年 3 月捐资修建，大殿供奉妈祖神像。

美国三藩市（旧金山）华埠肇庆会馆在 1876 年创建天后庙，1911 年重修，广东华侨撰献一副庙联："五百年龙泽覃敷，赫声濯灵，燕贺莆田生圣德；二万里鲸涛稳渡，平波静浪，欢联肇郡颂仁恩。"千百年来，在历代信众心里，海神妈祖就是这样一位庇佑着百姓苍生的"圣德"之神。

复台湾。

国外妈祖庙宇较密集的地区是新加坡、印尼、日本、马来西亚、菲律宾等国，欧

龙王信仰

## | 龙王信仰 |

### 中印合璧的水神龙王

明代神魔小说《西游记》写了几个有趣的龙王故事，如魏征梦斩泾河龙王，孙悟空入东海龙宫夺走定海神针，以及犯了天条的西海龙王三太子被变为白龙马、做了唐僧的坐骑等。又如，乌鸡国王被做了太师的妖道推入后花园的井里，井龙王用定颜珠使其尸身不腐，三年后唐僧师徒救了他。在这些饶有趣味的龙王故事中我们可以看到，从东洋大海到陆地深井渊潭，一切水域都有龙王镇守。《西游记》中的龙王是司雨神，玉皇大帝是其最高领导。玉帝施令后龙王才能行云布雨，否则就是违反天规，轻则受罚重则丧命。比如小说写到凤仙郡郡侯冒犯了玉帝，玉帝盛怒之下罚凤仙郡大旱三年。唐僧师徒路过此地，见到因为大旱民不聊生，很是同情，唐僧让孙悟空去请龙王降雨，可是因为没有玉帝的敕令，东海龙王怎么也不敢布雨。

魏征对弈斩龙图　明代《新刻出像官板大字西游记》

龙王信仰及其相关传说在我国流传久远，一般认为是在晋唐时期逐渐形成的，龙王主要是司雨神或海神。这一信仰来源于两大文化源头，即形成于我国上古时期的龙神信仰和东汉末年传入我国的印度佛教龙王文化。

形成于我国上古时期的龙神信仰影响深广，文化意蕴丰富，比如将龙作为王权的象征——考古发现夏商时期奴隶主所穿的衣服上就已经绘有线条繁复的龙形图案。司马迁所著的《史记》中数次写到皇帝身世与龙的渊源，如：秦始皇自称"祖龙"；蛟龙附在汉高祖刘邦生母刘媪身上后，刘媪怀孕生下刘邦，此后帝王常以真龙天子自喻。龙神降雨之说历史也很悠久，《左传》记

载当龙星在南方天空出现时，就可以举行求雨的祭祀。《山海经》记载，遇到旱灾时人们造土龙，就会天降大雨。而现代考古发现，上古部落聚居地中央堆砌有大型的龙塑，先民们日常使用的器物上雕绘有衔枝龙图，出土的商周时期青铜器上也常发现夔纹等。《说文·攵部》：夔，神魖也，如龙，一足。商朝人在青铜器上铸造夔龙纹应是为祈求风调雨顺。由此可见那个时期的人们是将龙作为部落的保护神与降雨神来崇拜的。古人认为龙生于渊潭，是水物，凡积水成川处就有蛟龙出没。龙不只是水物，还是水族中的最高统治者（《尔雅翼》：龙者鳞虫之长）。到了明代，在神魔小说《西游记》中，东

海龙王是各地龙王的首领，同时也是所有虾兵蟹将的总统领，这便是我国早期的龙神信仰中"龙者鳞虫之长"与佛教"龙王为众龙之首"两种文化观念融合的结果。

东汉末年传入我国的印度佛教经文中的龙王故事十分丰富，西晋时译入的《佛说海龙王经》《阿育王传》以及《妙法莲华经》《长阿含经》等经卷中都有不少描述龙王故事的内容。这些故事在寺庙僧人向老百姓讲解佛经的过程中逐渐在民众间口传开来，各地陆续建造了以龙宫命名的寺庙，如唐五代有凤翔府龙宫寺、绍兴龙宫寺等。印度佛教中的龙王又称龙神，为群龙之首，形状像一条大蟒蛇。在印度的神话体系中，龙王本是古代

印度吠陀神话中的神，同时也是古印度婆罗门教中的天空之神、河川之主，主管祭祀、维持道德、赏善罚恶等事。后来，印度佛教在发展过程中吸收了这些古代宗教中的龙王文化，将龙王作为密教十二天之一护持佛法。在佛教经卷中，龙王属于畜生类，是人世间那些作恶多端的人堕化后变成的，所以龙要修行佛法，修成正果后才能从属于畜生的龙类中解脱出来。龙王与所有的龙众构成一个有等级制度的龙族世界，受西方守护神水天的领导。龙王住在水中，有呼风唤雨的能力。它在水中的居所被称为龙宫，人世间所有的佛教经藏和一切珍宝都珍藏在龙宫里。

魏晋时期，佛教里的龙

王文化与中国上古时期的传统龙神观念结合，被道教吸收，逐渐形成具有中国特色的龙王信仰。道教有多部龙王经书，较早的有成书于南朝的《太上洞玄灵宝八威召龙妙经》（以下简称《八威召龙经》），这部经书讲了几个龙王受命布雨除旱灾的故事，其中一则是说龙王受太帝之命到虞渊去负水来救济人间枯竭的万物，这个故事将佛经中龙王降雨的场面与中国上古时期龙神虞渊汲水行雨的传说结合在一起。虞渊是日落的地方，《淮南子·天文训》里有太阳到了虞渊天就黄昏的说法。虞渊还是神话故事"夸父逐日"中夸父追到太阳的地方，唐代柳宗元在一首诗中写出夸父追日的艰难："君不见夸父逐日窥虞渊，跳踉北海超昆仑。"《八威召龙经》讲述了元始天尊斋醮召制群龙、河神之事，提到海真龙王丈人是群龙之首，宣扬了人们应该要忠孝积善才会求得甘霖的观念。龙的神性主要是可以变幻莫测，体积大小可变，可在云天和深泉之间的巨大空间里自由飞腾不受约束，因此在虞渊汲水后能快速飞至云端布雨。

## 龙王的传说故事

我国流传的各种龙王传说故事中，影响最为深远的莫过于四海龙王传说故事了。宗教经典中的四海龙王形象，较早见于唐朝《法苑珠林》。中晚唐时期，道教经典《太上洞渊说请雨龙王经》（以下简称《请雨龙王经》）记载有四方四海龙王。

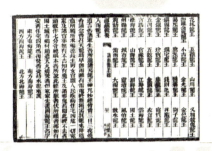

这本经书开篇说因道君看到世上疫气流行、人多疾病、国土炎旱、五谷不熟，于是天尊与诸天龙王仙童玉女共七千二百余人宣扬正法、普救众生。其中提到的诸天龙王主要包括五方龙王及其他五十三位龙王。此外，这部经书还记录了一个家宅走水时向四方四海龙王祷告镇宅的办法：如果一个国家、城市或者乡村经常受到天火的焚烧，只要每家每户先将写有四海龙王名字的符放在住宅的四个角落，然后烧香祈祷，东方东海龙王、南方南海龙王、西方西海龙王、北方北海龙王就会踏着浮云从空中到来，吐水灭火镇宅。《请雨龙王经》在唐代十分流行，一般道士学道都需要阅读熟记，并用在日常祭仪中，由此，四海龙王形象也逐渐被老百姓所熟知。

从唐代开始，文人笔下开始讲述龙王故事。开元

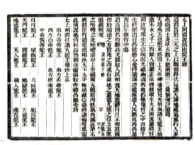

年间，张说写成小说《震泽洞》，讲述了梁武帝派人向龙女索宝的故事：震泽湖中有座洞庭山，山有深洞和水底龙宫相通，东海龙王第七女带着数千小龙在洞中保管龙宫宝珠。梁武帝想得到宝珠，他听说有人曾经在洞里迷路后又生还人间，就派使者带上五百只龙女喜欢吃的烧燕去寻宝。使者在身上涂满了龙宫门卫小蛟龙忌讳的蜡，得以顺利进入龙宫，向龙女献上烧燕。龙女很高兴，送给使者三颗大宝珠、七颗小宝珠和一石杂珠。同一时期的文人李朝威写的《柳毅传》则讲述了一个龙女报恩的故事：柳毅科考落第，回乡途中去泾阳拜访朋友，在泾河边遇到了洞庭湖龙王的小女儿。她嫁给了泾河龙王

的二儿子，可是丈夫虐待她。龙女请求柳毅帮忙捎信给家人，请他们来救自己。柳毅到了洞庭湖边后，按龙女教的方法进入龙宫。洞庭湖龙王的弟弟钱塘江龙王得知侄女被虐待，怒火之下变成一条赤龙，立刻飞往泾河龙宫搭救侄女。钱塘江龙王斩杀泾河龙子时，泾阳之地电闪雷鸣，暴雨倾盆。龙女为感恩，最后嫁给柳毅。这是我们现在所知的最早的龙女报恩嫁给人间男子的故事。

到了宋元时期，文人们依然多以东海龙王为主角编写龙王故事，比如元杂剧《沙门岛张生煮海》。故事里，东海龙王的三女儿琼莲与儒生张羽互生爱慕，受到龙王阻挠。为了让龙王同意这桩婚事，仙姑毛女送给张羽三

件法宝——一只银锅、一文金钱、一把铁勺，让他用铁勺舀海水到锅里，放入金钱，烧火煮水，锅内水少一分，海水就少十丈，锅内水煮干了，大海就见底了。张羽按照仙姑的方法架起铁锅煮海水，东海龙王央求岸上的石佛寺长老来劝他停止。最后龙王万般无奈，只好请张羽入龙宫与琼莲完婚。随着元杂剧、明代小说的发展，传说故事中的龙王形象越来越鲜明，像《西游记》《东游记》《天仙外传》《三宝太监西洋记》以及"八仙过海"等传说类的小说中，四海龙王多以四兄弟的群体形象出现，其中东海龙王被塑造为头领形象。《西游记》中四海龙王的形象和性格都很鲜明，东海龙王迫于美猴王强

大的武力，献出定海神针，其他龙王则拿出全副披挂，然而等美猴王一离开，四位龙王就集体跑到天庭去告状。后来美猴王被观音选中保护唐僧西天取经，此后取经路上，四海龙王数番尽心协助，如在大旱三年的凤仙郡降下甘霖，在车迟国协助孙悟空与大国师斗法等。《西游记》虚构的四海龙王姓名，即东海龙王敖广、南海龙王敖钦、西海龙王敖闰、北海龙王敖顺，被清初道教经典《历代神仙通鉴》采用。

历代文人笔下的龙王常被塑造成知恩图报、仰慕文人才华、敬畏道士等形象。《西游记》在介绍唐僧身世时写了一个洪江龙王报恩的故事：洪江龙王曾化为金鲤游洪江，被打鱼人捕获。唐

僧的父亲陈光蕊买下后将它放生。后来陈光蕊携孕妻赴任途中经过洪江时被船夫谋害沉江，洪江龙王用定颜珠保存了陈光蕊的身体。等到十七年后他儿子（唐僧）复仇成功后，陈光蕊复活还阳。在文人故事中，龙王喜欢请诗书皆佳的读书人到龙宫去。明代小说《龙堂灵会录》中，书生闻子述在吴江龙王堂的墙上题了一首古风：

龙王之堂龙作主，栋宇青红照江渚，岁时奉事孰敢违，求晴得晴雨得雨。

平生好奇无与侔，访水寻山遍吴楚，扁舟一叶过垂虹，濯足沧浪浣尘土。

神龙有心慰劳苦，变化风云快观睹，鬐尾蜿蜒玉柱垂，鳞甲光芒银镜舞。

村中稽首朝翁姥，船上燃香拜商贾，共说神龙素有灵，降福除灾敢轻侮！

我登龙堂共龙语，至诚感格龙应许。汲挽湖波作酒浆，采掇江花当肴脯。

大字淋漓写庭户，过者惊疑居者怒。世间不识谪仙人，笑别神龙指归路。

吴江龙王读后十分欣喜，立刻邀请他入龙宫，盛宴款待、作诗唱和，最后送给他各种龙宫珍宝，并令龙宫使者送其返回人间。

除文人所写的四海龙王传说故事外，古代日用工具书也记录了不少有意思的跟龙王有关的民间俗说。《天中记》记录说，农历八月十八是四海龙王神会之日。《月令广义》则记载了另一种民俗知识，即农历七月初七、初九、十五、二十七，西海龙王管辖的鱼鬼要登天诉事，午时后会有恶风，无风即雨，须谨慎行船。

我国古代各地区流传的龙王传说故事中，在农耕区，龙王多为水神、雨神，能够降雨除旱，保证风调雨顺。各类龙王庙建造碑志中所述修建龙王庙的缘由，多可当成是地方龙王传说。《江西通志》中记载了一条龙王庙碑志，说江西府治西五里之地有个幸龙王潭，当地幸氏族谱上记载说唐祭酒南容五世孙潭，字子渊，能够行异术，在汴都时曾写信给同乡人说，城北门外数里有一处深潭，旁有古木即是其家，叩树干定会有人回应。收到书信的人照他说的做了，果然有两位童子出来，然后又有一男子出来，就跟在汴都

见到的幸潭一个模样。乡里人很惊异，于是立庙祭祀，岁旱时祷雨必应，后来朝廷敕封其为龙王。我国各地都流传着这类龙潭和龙王传说故事，比较有影响的有北京黑龙潭，据载明神宗、清圣祖和清高宗等皇帝都曾到黑龙潭观潭，并在龙王庙祈雨。

在沿海地区，龙王身份多为海神，主要保护渔民、商人航行的安全顺利。元代诗人杨维桢写过一首《龙王嫁女辞》，诗前小序中写道："海滨有大、小龙，拔水而飞，雷车挟之以行者，海老谓之'龙王嫁女'，故赋此辞。""龙王嫁女"是浙江沿海地区流传很广的故事，说是从前泗礁岛的马关岙有个叫马郎的青年从一只老虎口中救下一条怪鱼。这条鱼

是东海龙王，为报恩，他将小女儿嫁与马郎。那只老虎听说马郎要娶龙女，就跑来捣乱。龙女的花轿被迫停下来，可这一来就麻烦了，花轿一停就停了千年，再也没动过，而马郎站在马关盆海滩上化成了石人。

在历代龙王传说故事中，龙王的宗教身份逐渐明确。唐代小说《酉阳杂俎》里东海龙王说自己的饮食"皆禀天符"，由天帝御定。宋代小说《朱蛇记》里南海龙王说天帝封他为安流王，赐居吴江。"天帝"是佛道共有的术语，佛教中天帝乃释尊的守护神，道教天帝即玉皇大帝。到了明代，龙王被正式归入道教神仙系统，《西游记》中四海龙王是水元下界之神，玉帝的臣子。

《封神演义》中东海龙王曾与托塔天王李靖一同在昆仑山学道。清代小说《仙佛全传演义》中玉帝敕封龙神"平和四海龙王"称号。由于道教经文中有地狱龙王的说法，于是清末小说《济公全传》中东海龙王多了个地冥十府中第一府阎王的身份。

**龙王庙里的主神**

文人书写和民间传说推动了龙王传说故事的传播，龙王庙作为宗教场所也发挥着向地方大众传播龙王信仰的作用。宋代开始将龙王神纳入国家春秋祭祀，龙王逐渐成为民间家喻户晓、广受祠祭的神祇。明清部分地区出现有固定祭祀日期和祭祀形式的"龙王节"，如文献记载清代山西新绛三月十五龙王节，场面热闹，老百姓到龙王庙上香祭祀，筹款搭台演戏酬谢龙王神。

宋元明清时期，修建龙王庙为地方官民所重视。一般来说龙王庙的建造多数是官方主办，少数为地方士绅、乡民捐款筹建。据历史记载，建造龙王庙大约始于南梁大同年间。康熙时期的《钱塘县志》记载，钱塘门外的嘉泽龙王庙，俗称龙王堂，又称古水仙王庙，是南梁大同年间建造祭奉钱塘湖龙神的。吴越王钱镠敕封庙中供奉的主神钱塘龙王为广润王，赐庙额"嘉泽"。宋徽宗延续了唐代官方祭祀五龙的传统，徽宗大观二年（1108年）下诏天下五龙神皆封王爵，即封青龙神为广仁王，赤龙神为嘉泽王，黄龙神为孚应王，白龙神为义济王，

黑龙神为灵泽王。此后历代将五龙神列入国家祀典。

龙王信仰是由上古龙神、四海神与佛教龙王等信仰文化融合而成的，这种融合表现在龙王和龙王庙往往有多种称谓，如清代康熙时期的《海盐县志补遗》就记载当地有一座明朝永乐三年建成的海神庙又叫龙王祠。史载雍正二年（1724年），清世宗敕封"四海神"封号，分别是东海龙王"显仁"、西海龙王"正恒"、南海龙王"昭仁"和北海龙王"崇礼"。又如，清代乾隆时静明园有座龙神祠，在宫中又被称为龙王庙，清高宗题庙额为"永泽皇畿"。清高宗还敕封过其他龙王庙，如他在南巡至徐州时敕封当地一座龙王庙"惠佑龙王庙"的庙额。

龙王庙的建筑构成有庙宇主题、庙额及供奉主神等。龙王庙供奉的龙神主要有以下几种：第一种是动物龙形的龙神，如白龙神、黑龙神、黄龙神、五龙神以及九龙神等。第二种是由人转化而成的龙神，如《安徽通志》记载的颖州府龙王庙主神张龙王张路斯，其人是隋初颖上县人，隋初明经登第，唐代景龙年间做了宣城令。传说张路斯从宣城罢归回乡后经常在焦氏台水边钓鱼，后来偶然发现了水中龙宫，就住了进去，成为龙王，于是当地人建造庙宇祭祀他。类似的由历史传说中的人物演化为龙王的情形在我国各地的龙王信仰传说中都比较常见，如现已成为山东非遗的李龙王信仰等。再如建德县

顺济龙王庙主神是南宋人谢绪，生前隐居钱塘金龙山，宋亡后赴水而死。传说其神灵曾协助明太祖朱元璋战胜蛮子海牙，被朱元璋封为金龙四大王。明末小说《醒世姻缘传》中也出现了一座淮安金龙四大王庙，不过庙里供奉的金龙四大王前身是金兀术的四太子。文献中有关人死后化成龙神的记载很多，死后可变成龙神的凡人往往都虔诚修行，或生前曾有功于君主、百姓等。第三种情况是佛道融合后的宗教神祇龙王成为庙主神，例如到了清代，四海龙王因被纳入到道教经典之中，信仰文化发展更加成熟。1724年，清世宗正式册封四海龙王，将四海龙王祭祀纳入国家祀典。同时，四海龙王也成为

地方上龙王庙的主神，《光
绪志》记载南田县有座龙王
宫，即供奉四海龙王。

　　龙王庙供奉的主神也有
不是龙王的例外情况，比如
位于上海市浦东区曹路镇的
上海龙王庙，其正殿主神是
玉皇大帝，龙神则位于主神
西侧之位，东侧供奉的是钦
公和东岳大帝。这座龙王庙
始建于明崇祯二年，民国时

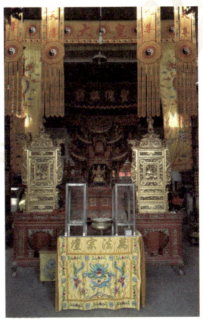

期的《川沙县志》载："钦公祠，在九团五甲，与龙王庙联楹，祠左庙右。"钦公是清代雍正时期首任南汇县令，浦东沿海历年遭受海溢（即海啸），钦公率领民众修筑了一条海塘，保护了当地百姓的生命财产安全，民众为纪念他修建了钦公祠。1988年龙王庙修复时，将道教神玉皇大帝作为主神供奉，主神左右供奉龙王神像、钦公及东岳大帝神像，侧殿还供奉了鲁班祖师、观音、文昌帝君、关圣帝君等。

　　像上海龙王庙这样供奉多位神像的道观，在我国很常见。如天妃庙、城隍庙等也会供奉龙王，主要原因是龙王和这些神在道教神仙体系里分管老百姓日常生活相关的各种神界事务，接受民

众日常供奉祭祀并提供精神
上的庇护。一般规模比较大
的道观庙宇，供奉的主神有
所不同，但庙中往往是众神
云集，共同接受民众祭拜。

各地龙王庙供奉龙王像
的原型形象也各有不同。《四
朝见闻录》记载南宋开禧年
间，杭州城涌金门外的"柳
洲五龙王庙"，赵师重塑五
龙王像，为龙王塑像配上了

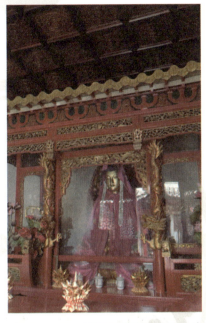

|上海龙王庙观
音像|

沈梅丽 摄

|浏河天妃宫大殿妈祖右侧龙王像、左侧龙王像|

沈梅丽 摄

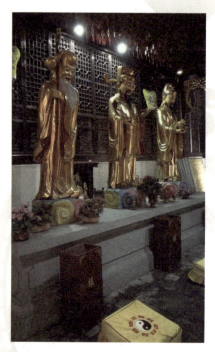

| 浏河天妃宫大殿供奉的福禄寿三星像 |

沈梅丽　摄

| 上海城隍庙财神像 |

沈梅丽　摄

冕旒圭服。其中有三座龙王像，分别以宰相韩侂胄、右丞相陈自强以及赵师自己的画像为原型。当时韩陈二人还在世，大臣们畏惧而不敢指斥他们，只敢在呈送给皇帝的奏疏中斥责赵师以自己的画像来塑造龙王像。《象山县志》记载，浙江象山的普济庙原名是五龙行祠，主神龙王冕服是模拟王者。山西河曲岱岳殿龙王庙，供奉五龙王塑像，外貌特征主要是：穿着朝服，戴三到七道梁数的梁冠，龙王手里拿着笏。杭州龙王庙里，龙王神像头戴平顶垂珠冠，手里拿着圭。根据《宋史》记载，皇帝一般是在大祀的日子持大圭，大圭又称为笏。北京昆明湖北岸龙王庙中龙王神像，身穿绣有双龙的龙袍，头戴梁冠。龙王塑造的帝王特征是指接近皇帝形象，但相比皇帝的冠服，龙王的冠服要做些减法，比如前面提到的龙王冠上冕旒数为八，少于皇帝的冕旒数十二。自刘邦以真龙自称，天下龙神都为他的臣民，龙神在天子跟前也要称臣。宋元话本中有"魏征斩龙"的故事，泾河龙王向唐太宗求救时就称"陛下真龙，臣是业龙"。皇帝为表现自己厚民之德，敕封龙王、赐龙王庙庙额。地方官员们在建造龙王庙时，龙神塑像的冠服肯定不能完全遵照皇帝服制。民间塑造龙神像时一般也多遵从帝王特征设计塑像。

### 祭祀龙王神习俗

千百年来，民众生活中的龙王信仰流传深远。古代

| 上海城隍庙慈航殿慈航真人（观音）像 |
沈梅丽 摄

| 上海城隍庙天妃像与大甲妈 |
沈梅丽 摄

传统农业生产时节，遇到旱情水灾，官府或民众就会到龙王庙烧香祭祀，祈求风调雨顺、五谷丰登。晋唐时期，龙王信仰多以祈雨除旱为主，可以看出当时的龙王信仰主要在农耕区的民众间流传。晚唐及五代的敦煌石窟壁画中，"龙王行雨图"题材十分常见。这种壁画多画在石窟前室门两侧，如第36窟壁上所题《功德记》中有如下文字："出门两颊，绘八大龙王……龙王在海，每视津源，洒甘露而应时，行风雨而顺节。"明代小说《醒世姻缘传》中，常功正月初一五更就起床，到各庙叩拜神佛，首先去的就是龙王庙，对着龙王像磕几个头，祈求龙王叫他风调雨顺。

在沿海地区，渔民和从事海上贸易的商人们祭祀海神龙王，主要祈祷出海平安、捕捞顺利，避免海溢等灾难。而明清时期福建沿海平倭寇，也有记载为祈求战事胜利到龙王庙祭祀海神之事：明代大将朱亮祖在发兵平倭之前检阅精锐之师，陈兵在龙王堂祭祀海神。清代文人陈其元《庸闲斋笔记》记载了一个龙王暗中帮助将领平匪的故事：阮文达任浙江巡抚时，率兵围剿盘踞在松门龙王堂的安南艇匪，龙神降暴雨独淹龙王堂，火烧安南艇匪的船只，阴助文达，使他不战而大胜安南艇匪。

除了在农耕和渔业区，龙王以雨神和海神身份接受民众日常祭祀外，人们有其他愿望企望得到实现时也常祭祀龙王。宋代笔记《齐东野语》里记载长江堰有一座龙王庙，某年江堰坍塌了好几次，仁和尉芮烨以龙王未能保护江堤为由打杀庙中之龙，这个故事中龙王被当成是江堤保护神。明代小说《雷峰怪迹》中，许宣（即《白蛇传》中的许仙）开店后生意日渐红火，七月初七英烈龙王生日那天他去金山寺龙王堂烧香。许宣作为商人去烧香，不外乎是祈求生意兴隆。

大约在宋神宗时期，道教正一道被划为专门负责民间祭祀、超度等仪式事务。由此，龙王信仰在流传过程中，承担的与民众日常生活关系密切的祭祀活动也不断丰富。过去农业社会里龙王庙主要承担举办祈雨仪式的活动，此外也有其他跟老百姓日常生活相关的祭仪。史料记载清代延庆地区，举办丧事初期，全家需到城隍庙哭丧，如果是在村堡中，就到龙王庙去哭。现代社会里，

|上海龙王庙迎请财神告示|

沈梅丽　摄

|上海龙王庙上观音灯告示|

沈梅丽　摄

龙王庙会常年举行各类祈福仪式活动，如拜太岁、上观音灯、迎请财神等。

在宋代大规模建造龙王庙之前，人们祭祀龙神求雨的方法多种多样。有的塑造一条土龙，在街头做法祈雨；有的到龙庙、龙堂、龙潭等场所祭祀。唐代的笔记小说《异闻录·李守泰》记载说天宝七载，秦中大旱，自三月至六月一直不下雨，唐玄宗亲自到龙堂祈雨，但未能祈到雨。除此以外，唐代书籍中还记载过到龙女祠求雨的事，如《灵应传》记了一则泾州乡人求雨习俗：在泾州东边二十里的地方有薛举城，城墙边有个善女湫，乡人在旁建了一座九娘子祠，也叫龙女祠，庙里供着九娘子神，遇到水旱时都来此祭祀，祈晴祈雨，十分灵验。唐代龙女祠祭祀的风气很盛行，诗人岑参写过一首《龙女祠》，写的是蜀地人捧酒击鼓到龙女祠祷雨、祈恩的风俗活动，诗句如下："龙女何处来，来时乘风雨。祠堂青林下，宛宛如相语。蜀人竞祈恩，捧酒仍击鼓。"

自宋代开始各地建造龙王庙的活动盛行。龙王庙举行祈雨活动时，主持祭祀仪式的人有几类，即巫觋、僧道和地方官员，有时皇帝也亲自参加祈雨。宋代《暌车志》记载翟汝文在会稽任上时，有一年大旱，于是他命令抬上释迦佛和龙王像，与府丞同席，然后向二座神像求雨，第二天，天降大雨。明清小说中也出现过各种求雨故事，《施公案》写通州县令施贤臣在城隍庙设坛向龙王祈雨，《醒世姻缘传》里也有地方官因旱灾到城隍庙求雨的内容。古代民间还有让儿童向龙王祈雨的风俗，《西湖佳话》记录了一个故事：有一年钱塘大旱，老百姓都很着急，先是请道士设坛求雨，没效果，后来行儿童祈雨之法，但也没能求到雨。《帝京景物略》记载了儿童祈雨法的具体做法，即在天气干旱时，在大门上贴上龙王神马，将插柳枝的瓷瓶挂在门旁，让小孩儿塑一个泥龙，张纸旗、击金鼓，到各处龙王庙烧香。当时流传的一首儿童祈雨歌谣是这样的：青龙头，白龙尾（yǐ），小孩求雨天欢喜，麦子麦子焦黄，起动起动龙王，大下小下，初一下到

十八，摩诃萨。祈雨时烧香祭拜，态度要恭敬虔诚，这是所谓"敬祈"。此外还有"恶祈"，即在祈雨不灵时将龙王像抬出龙王庙，放在太阳下暴晒，鞭打龙王像，或者往龙王庙附近的龙潭里扔脏东西，以期来激怒龙王降雨。

祈雨成功之后一般还会举行谢龙王仪式，明代小说《醒世姻缘传》中描述了一次祈雨成功后，县官备了猪羊，又叫了台戏，去感谢城隍与龙王降雨，祈雨成功的道士得到了官府十两银子的酬金。清代小说《女仙外史》中，青州府太守王良拿出一千两白银来招募术士祈雨。这一千两银子是太守自捐俸银二百两，青州老百姓攒凑了六百两，益都令捐了二百两。

## 祭祀龙王的仪式

龙王信仰文化中最为核心的是向龙王（神）致祭。历代官方举办致祭仪式时，都有严格的制度、仪节，也叫仪注。这种由官方主持的祭祀属于国家祀典，分大祀、中祀和群祀三个等级。举办祭祀时，根据祀典等级，首先要明确参加祭祀的人员、级别。祭祀人员有主祭官、陪祭官，以及地方官员、庙祝等人，各类人员各司其事。其次是根据祀典制定祭祀程序，准备各类祭品。根据史书记载，宋徽宗大观二年封五龙神为王爵之尊。此后春秋致祭，逐渐形成固定的祭祀制度。而实际上，早在北宋至和二年（1055年）二月，有"红杏尚书"之誉的宋祁就在定州任上写了一篇《里社龙神祈雨文》：

维至和二年岁次乙未二月乙丑朔，越十二日庚子，具官宋祁谨以酒脯、果茗、养羞舒雁之牲，敢告于里社龙神。比亢阳为沴，顺气弗效，农夫告勤，是用遣僚属有请于龙，弥跨四旬，雨雪三集，润才及寸辄止。今土脉冒蒸，百昌萌芽，此时不雨，岁且大乏。惟人依神为庇，惟神享人之祀，归穷上叩，不应不止。神其走驱雷风，兴云致雨，弥漫沾足，洁涤品汇，无令无年，以贻龙羞。

日后果然降雨，于是宋祁又写了一篇《里社龙神谢雨文》，感谢龙神"克就丰岁，显应如期"。

到清代雍正年间，清世宗两次敕封龙神。雍正二年，建造时应宫供奉龙神，降旨说龙神"散布霖雨、福国佑民"，于是造各省龙神大小二像，令各地官府迎请致祭，纳入群祀。这在当时各地所修方志中都有记载。如雍正九年修成的《广东通志》记载：雍正五年秋八月，广东派遣韶州府通判陆国柱赴京恭迎龙神，择于巡抚公署之东建祠，次年三月十九日入祠致祭。

在龙王神庙祈雨时，先在一口缸内注满水，缸内插柳枝。设好香案、香蜡、拜用席，僧道各一班，开坛诵经。四名礼生，再设演奏音乐的鼓吹一班。各位官员穿素服，步行至庙，在礼生的引导下，官员走至祭拜的位置。一名通赞生（司仪）唱行二跪六叩头礼，宣读疏文

结束后，再行二跪六叩头礼，焚疏文，再揖礼毕。等雨水降落后，再举办酬神仪式。

因为龙王神的祭祀纳入群祀，祭祀中对祭时、祭器、祭品的规定随朝代及配享等级的不同会有所变化，但一般相对固定，在每年的春秋仲月选择吉日来进行祭祀。道光年间周学曾撰修的《晋江县志》中记载了一份祭祀龙王神时用的祭器、祭品单和礼节：帛一，白色；白瓷爵三、铏一、簠二、簋二、笾四、豆四、羊一、豕（即猪）一、酒樽一，行二跪六叩礼。古代祭器分礼器、乐器等，上文中的爵、铏、簠、簋、笾、豆等为礼器，多用瓷器、陶器、铜器、珐琅器等，很少用铁器。簠、簋一般用来盛放祭神的黍稷稻粱类，铏盛

放羹，豆则既可以盛放黍稷稻粱，也可以盛放肉食。对器具的材质、盛放食物种类等严格且固定的规定，体现出历代对礼的认知和传承。礼的形成跟祭神关系密切，《说文解字》中说："礼，履也，所以事神致福也。从示从丰。"示，甲骨文中基本形体为"T"形，一般认为指的是祭神时所用的石头制成的供桌，也有说是表示石柱所做的神主之形。神主，是指已经死去的君主、诸侯的牌位。丰，则指盛有祭品的礼器。在远古社会中，敬神活动的举办主要以家族为单位，祭祀时一般按照长幼之序来安排参与祭祀的家族人员，这种序即形成了礼。随着社会的发展，阶级社会开始从社会地位、财富、权力等角度强调人与人之间的差别，由尊卑长幼之序来制定礼节。各种社会礼仪制度的形成便是从祭祀的礼节发展而来。《周易·系辞上》说"形而上者谓之道，形而下者谓之器"，"道"是指思想观念，"道"在社会民众间教化传承的一个重要途径就是通过对器的使用来实现。因此，历代祭典中对祭器的规定，实际上是主流社会的思想观念，即"礼"的体现。

在各类传统祭拜仪式中，宣读疏文、祭文是非常重要的内容，尤其是皇帝所写的御祭文。祷祝龙神的疏文、祭文，也写作"祝文"，这三种文体很常用。在清代撰修的各地方志中，有一则祭文出现次数很多：

维神德洋寰海，泽润苍生。允襄水土之平，经流顺轨；广济泉源之用，膏雨及时。绩奏安澜，占大川之利涉；功资育物，欣庶类之蕃昌。仰藉神庥，宜隆报享。谨遵祀典，式协良辰。敬布几筵，肃陈牲币。尚飨。

根据方志记载，乾隆年间各地皆是"奉文"祭祀龙王神，祭文主要颂祝龙王神的安流、膏雨、安澜、育物等"泽润苍生"的功德。官方致祭龙王神往往是将海神、雨神融为一体。雍正三年（1725 年），清世宗封南海神"南海昭明龙王之神"，派遣年希尧致祭南海神，"所冀波澜永息、烝黎获利济之安，风雨以时、稼穑享屡丰之庆"，意思是希望南海神能够安定海上风涛，庇护一方民众平安，又能使风调雨顺，保佑老百姓连年丰收。也是这一年，山东登莱道徐德侔在祭海神时，担心龙神来朝拜时带来冰雹伤损庄稼，就写了一个"龙王免朝"牌来告示龙王神。皇帝听说之后有所不悦，认为其此举迂呆，举止有些乖张。结合前文，从这个故事中可以看到当时观念中海神和龙王神身份的交叉特点。

从国家角度来说，"物阜民安"是致祭龙王神、海神，祈求神灵庇佑的核心，而老百姓则是从所从事的农业、渔业生产出发来祭拜龙王神，所以龙王的身份也因信众的职业不同而有所区分，如农民将龙王奉为雨神，渔民将龙王视为海神。历代官方致祭龙王有比较严格的仪式，民众日常祭祀的时间、祭品等要求相对简单随意些。海神龙王信仰主要流传在我国东部、南部沿海渔业区，各地祭祀仪式各有地方特色。山东昌邑下营农历正月十五祭海，渔民为答谢海龙王，奉上大饽饽、莲花卷、寿桃等造型的面食及猪、鸡、鱼三牲等祭品，请当地有声望的老先生用黄表纸写"太平文疏"，写好对联、福字、财字，祭海开始时放鞭炮，渔民焚烧宝船香纸，将写好的"太平文疏"烧掉，磕头祭拜。浙江岱山是重要的渔区，祭海历史很悠久。每年农历六月二十三，大黄鱼汛期结束，岱山渔民都会举办"大谢洋"祭海谢龙王。仪式在渔船上举行，这天准备好三牲（猪、公鸡和鱼）和

各类果蔬等祭品，在船头设立祭坛，十二时开始供祭。仪式时间约为三个小时，结束后开始祭祀船上"圣堂舱"里供奉的船官菩萨。下午四时，整个祭祀活动结束后，祭祀人员、渔民们聚餐。傍晚，在海神庙演出酬神戏。

（参见《中国节日志·渔民开洋谢洋节》）

各地祭祀龙王仪式的礼仪程序大同小异、各有地方特点。海神龙王信仰在日常生活中还有各类仪式禁忌，如一般民众家里不会请龙王神像，在上海浦东地区老百姓的观念中，"请神容易送神难"，一般不会轻易请神进屋，如果要祈求神灵保佑，就去庙里祭拜。

**日韩越的龙王文化**

环西太平洋沿岸地区的

日本、韩国与越南，历史上深受中国传统文化影响。这三个国家精通汉文的那些古代文人，模仿我国的明清小说，用汉文写的数量繁多的小说里有许多龙王故事，其中有不少是取自他们本国的民间龙王传说故事。韩国的汉文小说《九云梦》写了一个龙女报恩故事：洞庭凌波龙女为报恩，嫁给大唐尚书杨少游。越南汉文小说《鸿庞氏传》写的是在越南民间影响很大的貉龙君生百粤的传说故事：炎帝之孙泾阳王禄续娶洞庭龙女为妻，生了貉龙君，貉龙君与伯父帝宜的孙女姬姬结婚，生下百男，这就是后来的百粤。越南民间将龙王作为民族祖先神的传说后来被吴士连收入越南史书《史记全书》。将龙神或龙王作为祖先神的传说也出现在日本和韩国的古代历史书中。日本的《古事记》与《日本书纪》记载首代天皇神武为鹈茸草草不合与他的姨母龙宫海神之女玉依毗卖所生，韩国的《高丽史》记载作帝建与西海龙王之女生下四个儿子，长子龙建之子王建便是高丽的太祖。

古代日本、韩国和越南的龙王信仰中，龙王的身份有雨神、海神，也有村落保护神、祖先神等，受到广泛的香火祭祀。各国的民众在从事渔业、农耕生产中，也常举行各种仪式祭祀龙王祈求风调雨顺。日本《啜茗谈柄·七窝记》记载了一个民间祈雨习俗：每年干旱时，举行求雨仪式后如果还不下雨，就将腐臭的污秽物投进

| 金刀比罗宫 |

龙潭，马上就会云雷暴起、大雨倾盆。在如今的日本四国香川县象头山上有座金刀比罗宫，据说是日本龙王金比罗神的祭祀之地。"金比罗"的日语译言来源于古印度梵语，意思是鳄鱼演变的神，传入日本后被描绘成具有蛇一样身体的水神。室町时代的金比罗神主要作为海上安全神接受沿海民众的香火祭拜。韩国历史上一直都有将龙王作为村落保护神（或称堂神）来祭奉的习俗，祭祀目的有祈求渔业丰收，为溺亡者超度等。韩国汉文小说《崔生遇真记》里，被瓢渊龙王邀请到龙宫的崔生作了一首诗，意思是说人间的旱涝之灾只不过是龙王执行天帝的命令而已。越南小说中也写有民间祭龙祈雨的习俗，如《龙庭对讼录》中描述了一段洪州的民间信仰，说洪州之地古代多龙神，当地人沿江建祠祭祀，大概有十余所祠堂，时间长了后，有的成为神灵，祈晴祷雨都会立刻应验，所以香火不断，人们越来越敬畏忌惮。越南古代也有帝王敕封龙神的记载：黎仁宗太和时期遭遇大旱，田地禾谷全都焦枯，十失八九，大臣向朝廷禀奏旱情，仁宗于是派遣礼部司备礼到龙神庙祈祷，结果当夜就天降大雨。仁宗嘉其灵应，诏封为光渚龙君。

结语

## | 结语 |

民间信仰是在长期的历史发展过程中，在民众中自发产生的一套神灵崇拜、观念、行为习惯及相应的仪式制度。妈祖信仰和龙王信仰，是中国传统民间信仰的重要组成部分。它们源于古代人民对宇宙自然的想象虚构与尊崇敬奉，是在人类社会生产生活的漫长实践中，对那些一时难以解决或解释的问题现象的超验性知识建构，其中寄托了人们对风调雨顺、驱邪避灾、家宅平安、吉祥如意等美好生活的祈愿和向往。了解学习传统文化

| 上海城隍庙
月老像 |

沈梅丽　摄

中的妈祖信仰和龙王信仰文化，对于认识古代传统生产生活中所蕴含的思想精神有重要意义，对于传承我国优秀传统文化，加深对这些文化的理解和热爱，实现它们在当代积极的转化，也具有很重要的现实意义。

**图书在版编目（CIP）数据**

妈祖与龙王 / 沈梅丽编著；黄景春本辑主编. --
哈尔滨：黑龙江少年儿童出版社，2021.10（2022.7重印）
　（记住乡愁：留给孩子们的中国民俗文化 / 刘魁立
主编. 第十辑，民间信俗辑）
　ISBN 978-7-5319-7329-4

　Ⅰ．①妈⋯ Ⅱ．①沈⋯ ②黄⋯ Ⅲ．①神—信仰—民
间文化—中国—青少年读物 Ⅳ．①B933-49

中国版本图书馆CIP数据核字(2021)第197567号

记住乡愁——留给孩子们的中国民俗文化　　　　刘魁立◎主编

第十辑 民间信俗辑　　　　　　　　　　　　　　黄景春◎本辑主编
**妈祖与龙王** MAZU YU LONGWANG　　　　　　沈梅丽◎编著

出版人：张 磊
项目策划：张立新 刘伟波
项目统筹：华 汉
责任编辑：夏文竹
整体设计：文思天纵
责任印制：李 妍 王 刚
出版发行：黑龙江少年儿童出版社
　　　　　（黑龙江省哈尔滨市南岗区宜庆小区8号楼 150090）
网　　址：www.lsbook.com.cn
经　　销：全国新华书店
印　　装：北京一鑫印务有限责任公司
开　　本：787 mm×1092 mm　1/16
印　　张：5
字　　数：50千
书　　号：ISBN 978-7-5319-7329-4
版　　次：2021年10月第1版
印　　次：2022年7月第3次印刷
定　　价：35.00元